AF205736

Impressum
Verlag: BABADADA GmbH, Nedderfeld 112 , 22529 Hamburg
Geschäftsführer / Verlagsleitung: Harald Hof
Druck: Books on Demand GmbH, In de Tarpen 42, 22848 Norderstedt

Imprint
Publisher: BABADADA GmbH, Nedderfeld 112 , 22529 Hamburg, Germany
Managing Director / Publishing direction: Harald Hof
Print: Books on Demand GmbH, In de Tarpen 42, 22848 Norderstedt, Germany

škola

shkolla

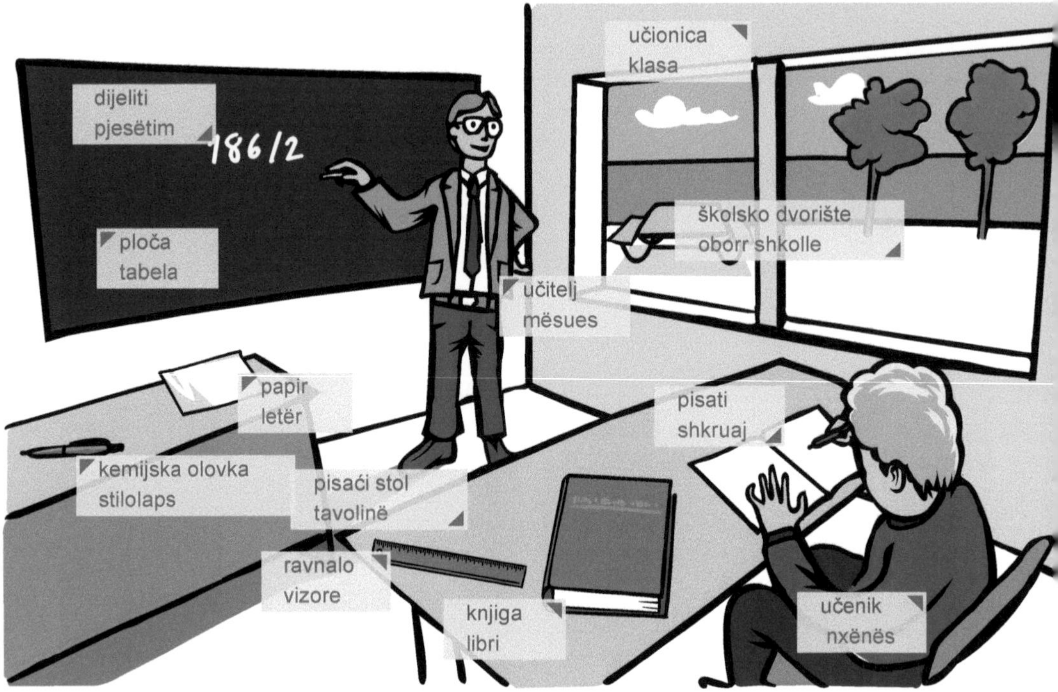

učionica
klasa
dijeliti
pjesëtim
186/2
ploča
tabela
školsko dvorište
oborr shkolle
učitelj
mësues
papir
letër
pisati
shkruaj
kemijska olovka
stilolaps
pisaći stol
tavolinë
ravnalo
vizore
knjiga
libri
učenik
nxënës

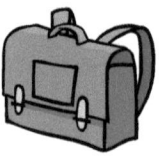

torba
çantë

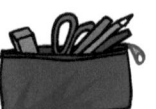

pernica
mbajtëse lapsash

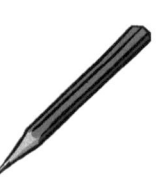

grafitna olovka
laps

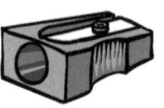

šiljilo za olovke
mprehës lapsash

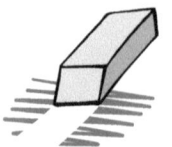

gumica za brisanje
gomë

blok za crtanje
fletore vizatimi

crtež

vizatim

kist

penel

kutija s bojama

kuti bojërash

makaze

gërshërë

ljepilo

ngjitës

bilježnica

fletore detyrash

domaći zadatak

detyrë shtëpie

12

broj

numër

2+2

sabirati

mbledh

5-2

oduzimati

zbres

2×2

množiti

shumëzoj

računati

llogaris

A

slovo

gërmë

ABCDEFG
HIJKLMN
OPQRSTU
VWXYZ

abeceda

alfabeti

riječ

fjalë

tekst
tekst

čitati
lexoj

kreda
shkumës

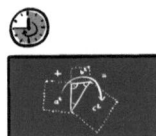

sat
mësim

dnevnik
regjistër

ispit
provim

svjedodžba
çertifikatë

školska uniforma
uniformë shkolle

obrazovanje
arsimim

leksikon
enciklopedia

sveučilište
universitet

mikroskop
mikroskop

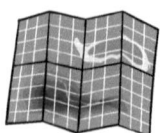

karta
hartë

košara za papir
kosh letrash

putovanje
udhëtim

hotel
hotel
Grand
prenoćište
bujtinë
ROOMS
mjenjačnica
pikë këmbimi valutor
CHANGE
kofer
valixhe
auto
makinë

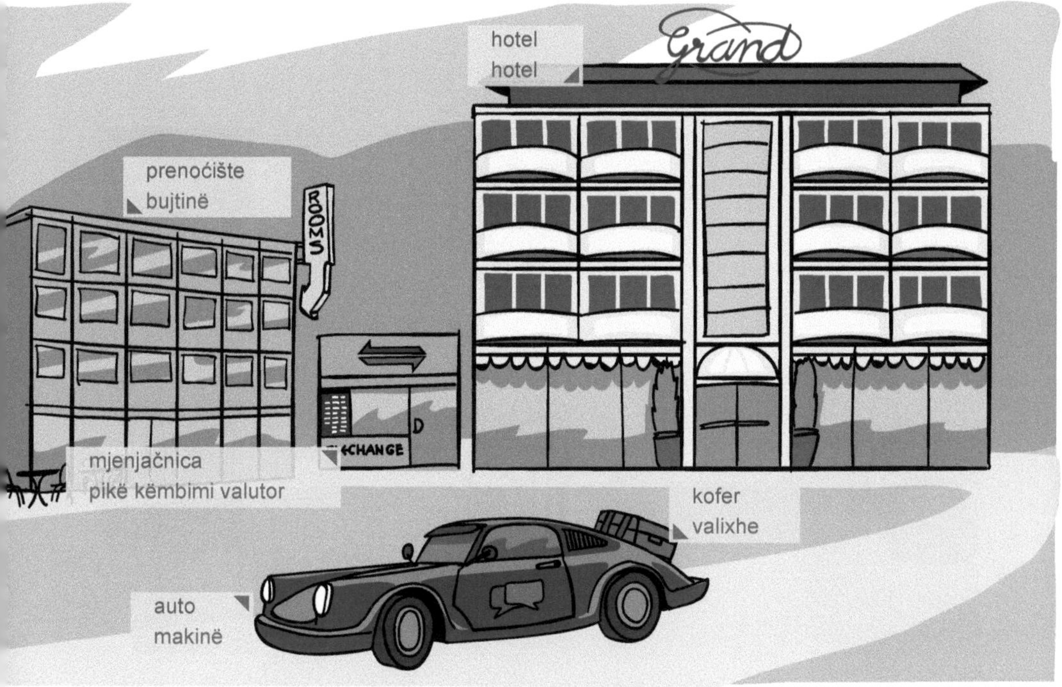

jezik

gjuhë

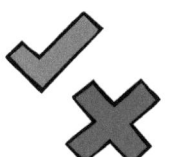

da / ne

po / jo

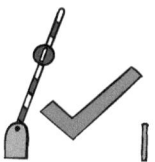

okay

Në rregull

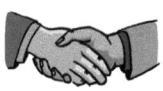

zdravo

ç'kemi

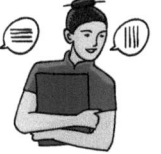

prevoditelj

përkthyes

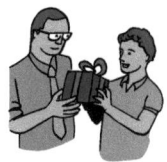

hvala

Faleminderit

Koliko košta...?

sa kushton...?

ne razumijem

nuk e kuptoj

problem

problem

dobro veče!

Mirëmbrëma!

Dobro jutro!

Mirëmëngjes!

Laku noć!

Natën e mirë!

doviđenja

mirupafshim

smjer

drejtim

prtljaga

bagazhet

torba

çantë

ruksak

çantë shpine

gost

mysafir

soba

dhomë

vreća za spavanje

thes gjumi

šator

tendë

turističke informacije

informacion për turistët

plaža

plazh

kreditna kartica

kartë krediti

doručak

mëngjes

ručak

drekë

večera

darkë

karta za vožnju

Biletë

dizalo

ashensor

poštanska markica

pulla

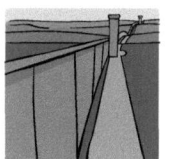

granica

kufi

carina

doganë

ambasada

ambasadë

viza

vizë

putovnica

pasaportë

transport
transport

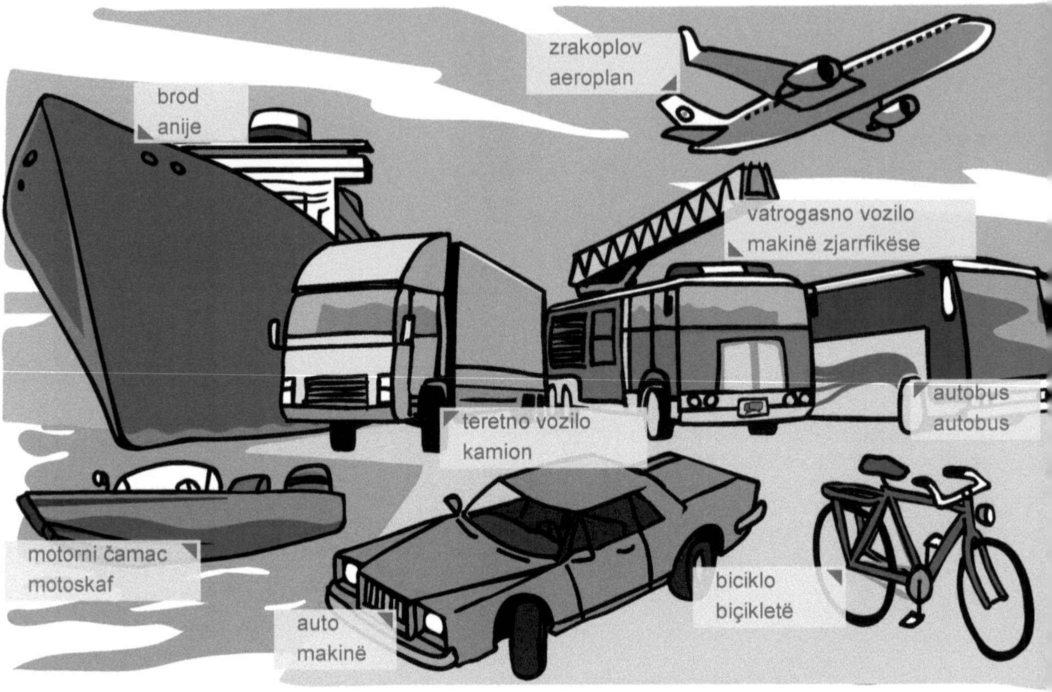
zrakoplov
aeroplan
brod
anije
vatrogasno vozilo
makinë zjarrfikëse
autobus
autobus
teretno vozilo
kamion
motorni čamac
motoskaf
biciklo
biçikletë
auto
makinë

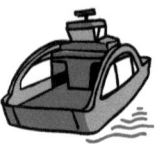

trajekt

traget

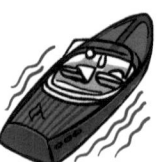

čamac

varkë

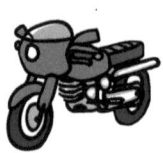

motocikl

motoçikletë

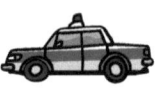

policijski auto

makinë policie

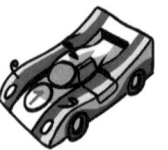

trkaći auto

makinë garash

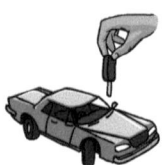

iznajmljeno auto

makinë me qira

dijeljenje automobila

ndarje e qirasë së makinës

vučno vozilo

karroatrec

vozilo za odvoz smeća

makinë plehrash

motor

motor

benzin

benzinë

benzinska postaja

pikë karburanti

prometni znak

sinjalistikë trafiku

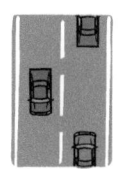

promet

trafik

zastoj

bllokim trafiku

parkiralište

parkim makinash

kolodvor

stacion treni

šine

trase

vlak

tren

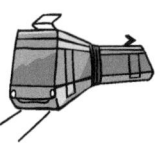

tramvaj

tramvaj

vagon

karro

transport - transport

helikopter

helikopter

zrakoplovna luka

aeroport

toranj

kullë

putnik

pasagjer

kontejner

kontenier

karton

kuti kartoni

kolica

qerre

košara

shportë

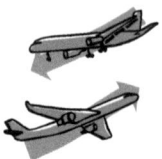

uzletjeti / sletjeti

ngrihem / ulem

grad

qytet

selo

fshat

centar grada

qendra e qytetit

kuća

shtëpi

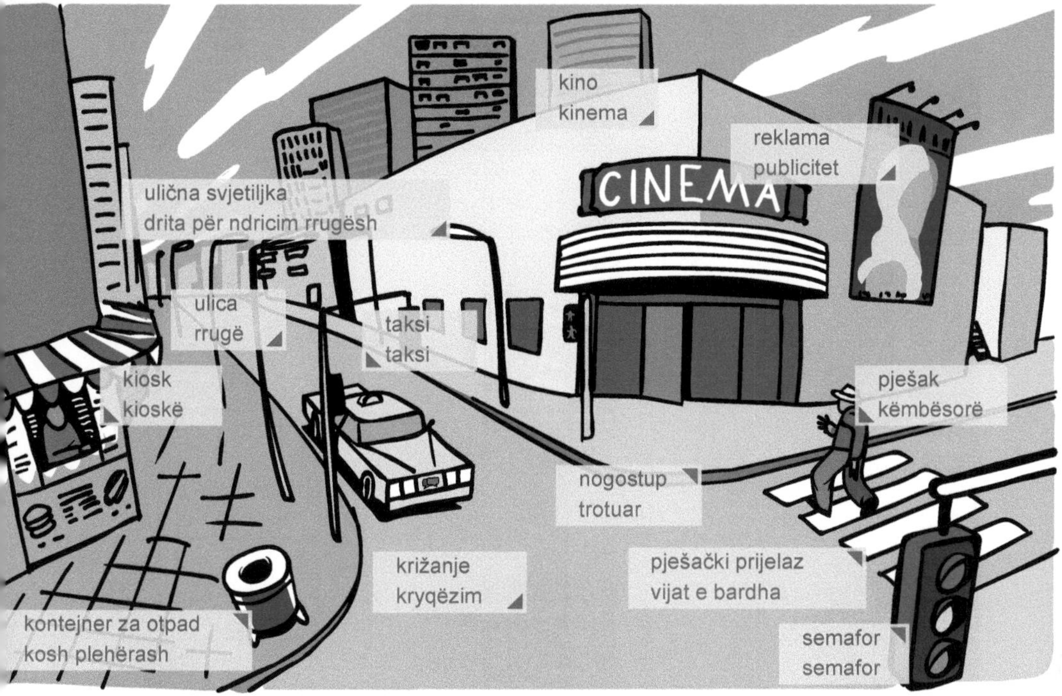

kino
kinema

reklama
publicitet

ulična svjetiljka
drita për ndricim rrugësh

CINEMA

ulica
rrugë

taksi
taksi

kiosk
kioskë

pješak
këmbësorë

nogostup
trotuar

križanje
kryqëzim

pješački prijelaz
vijat e bardha

kontejner za otpad
kosh plehërash

semafor
semafor

koliba

kasolle

stan

apartament

kolodvor

stacion treni

vijećnica

bashki

muzej

muze

škola

shkolla

sveučilište

universitet

banka

bankë

bolnica

spital

hotel

hotel

ljekarna

farmaci

ured

zyrë

knjižara

librari

prodavaonica

dyqan

cvjećara

dyqan lulesh

supermarket

supermarket

trg

market

robna kuća

mapo

ribarnica

dyqan peshku

trgovački centar

qëndër tregtare

luka

port

park

park

klupa

stol

most

urë

stepenice

shkallë

podzemna željeznica

metro

tunel

tunel

autobusna stanica

stacion autobuzi

bar

bar

restoran

restorant

poštansko sanduče

kuti postare

ulični znak

sinjalistikë rrugore

parkirni sat

kohëmatës parkimi

zoološki vrt

kopsht zoologjik

bazen

pishinë

džamija

xhami

seosko gazdinstvo

fermë

zagađenje okoliša

ndotje

groblje

varrezë

crkva

kishë

igralište

shesh lojërash

hram

tempull

krajolik

peisazh

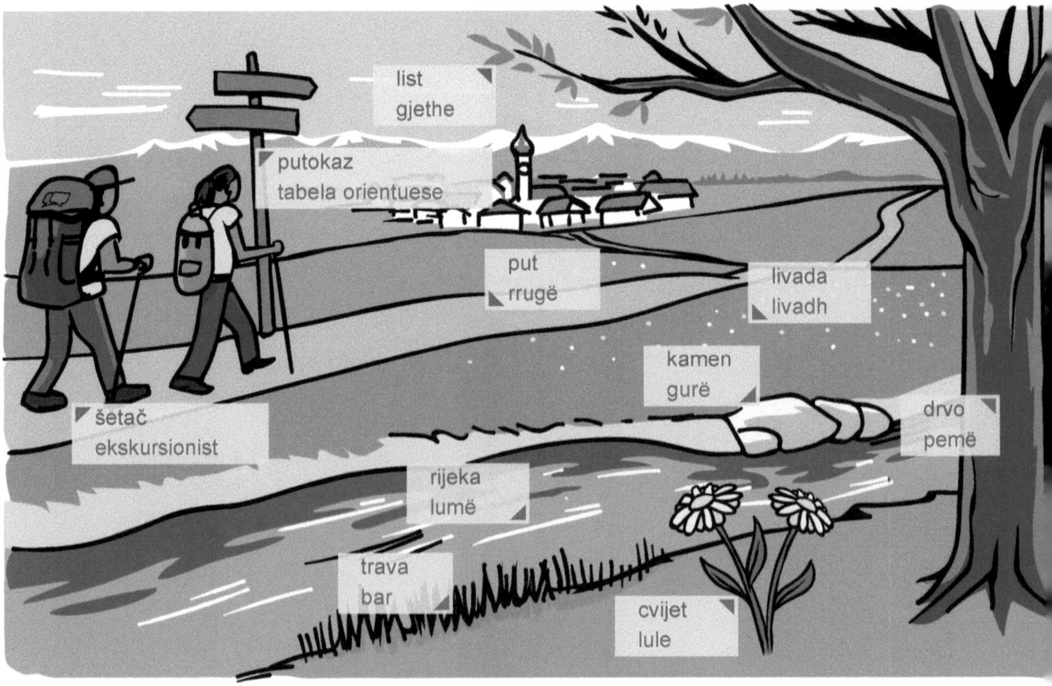

list
gjethe

putokaz
tabela orientuese

put
rrugë

livada
livadh

kamen
gurë

drvo
pemë

šetač
ekskursionist

rijeka
lumë

trava
bar

cvijet
lule

dolina
luginë

planina
kodër

jezero
liqen

šuma
pyll

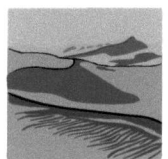

pustinja
shkretëtirë

vulkan
vullkan

dvorac
kështjellë

duga
ylber

gljiva
kepudhë

palma
palmë

moskito
mushkonjë

muha
mizë

mrav
milingonë

pčela
bletë

pauk
merimangë

buba

brumbull

žaba

bretkosë

vjeverica

ketër

jež

iriq

zec

lepur

sova

buf

ptica

zog

labud

mjellmë

divlja svinja

derr i egër

jelen

dre

los

dre brilopatë

nasip

digë

vjetrenjača

turbinë ere

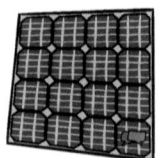

solarna ploča

panel diellor

klima

klimë

restoran
restorant

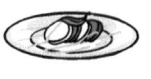

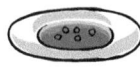

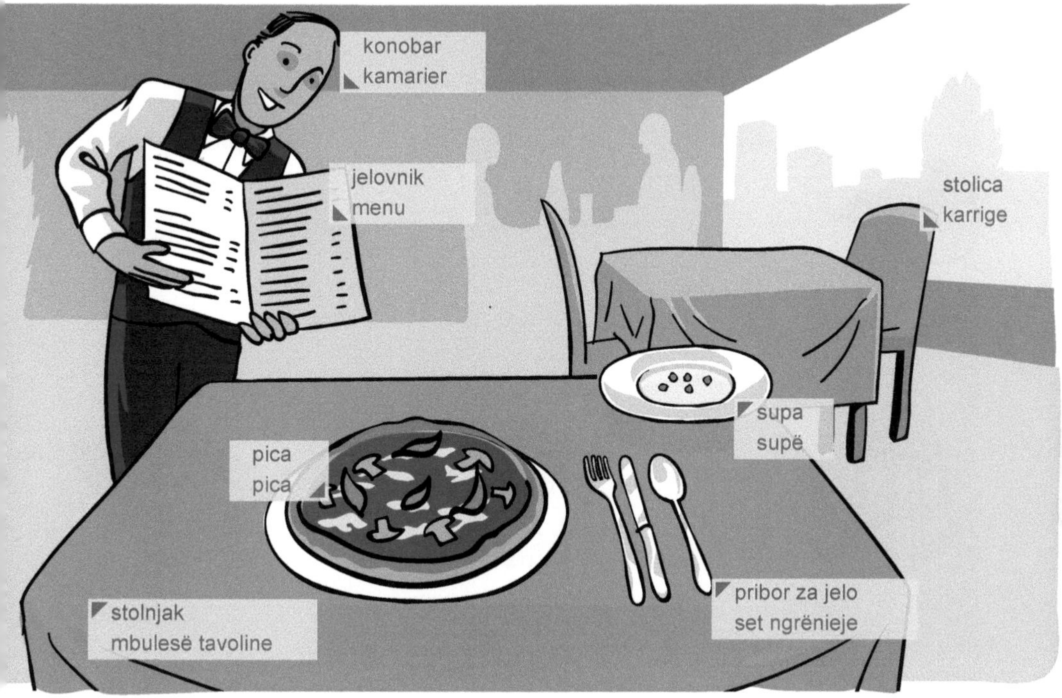
konobar
kamarier
jelovnik
menu
stolica
karrige
supa
supë
pica
pica
stolnjak
mbulesë tavoline
pribor za jelo
set ngrënieje

predjelo

pjatë e parë

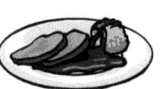

glavno jelo

pjatë kryesore

desert

ëmbëlsirë

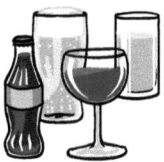

napitci

pije

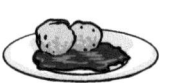

jelo

ushqim

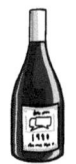

boca

shishe

fastfood

ushqim i shpejtë

imbis hrana

ushqim i shërbyer në rrugë

čajnik

ibrik çaji

doza za šećer

kuti sheqeri

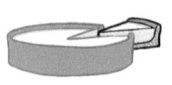

porcija

racion

aparat za espresso

makinë kafeje ekspres

visoka stolica

karrige e lartë

račun

faturë

pladanj

tabaka

nož

thika

vilica

pirun

žlica

lugë

čajna žlica

lugë çaji

ubrus

pecetë

čaša

gotë

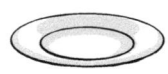

tanjur
pjatë

tanjur za supu
pjatë supe

tanjurić
pjatë filxhani

sos
salcë

soljenka
mbajtëse kripe

mlin za biber
mulli piperi

ocat
uthull

ulje
vaj

začini
erëza

kečap
keçap

senf
mustardë

majoneza
majonezë

supermarket

supermarket

ponuda
ofertë speciale
kupac
klient
FOR
mliječni proizvodi
produkte bulmeti
voće
frut
kolica za kupnju
karrocë pazari

BUTCHERS

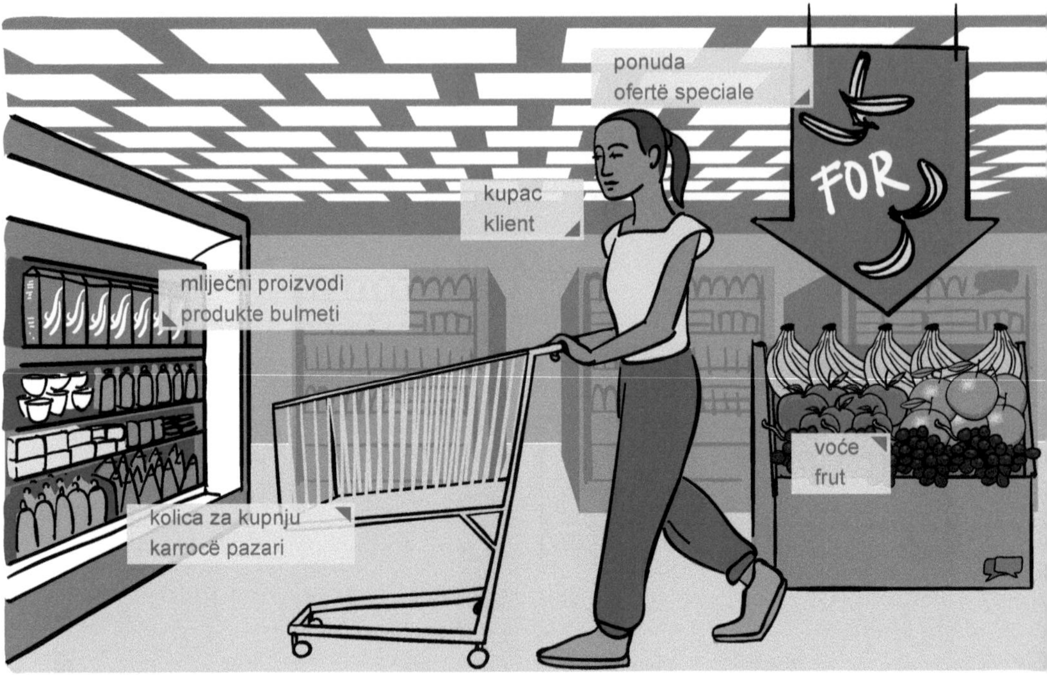

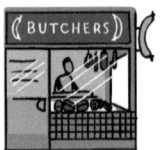

mesnica

dyqan mishi

BAKERY

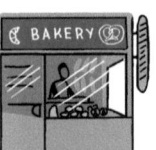

pekarnica

furrë buke

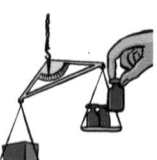

vagati

peshoj

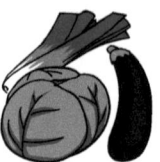

povrće

perime

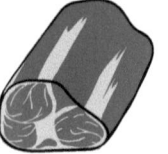

meso

mish

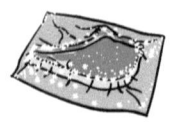

duboko smrznuta hrana

ushqim i ngrirë

narezak

copë

konzerve

ushqim i konservuar

sredstvo za pranje

pluhur larës

slatkiši

ëmbëlsirat

artikli za domaćinstvo

prodhime shtëpie

sredstva za čišćenje

produkte pastrimi

prodavačica

shitëse

blagajna

kasë fiskale

blagajnik

arkëtar

lista za kupnju

listë blerjeje

vrijeme rada

oraret e punës

novčanik

portofol

kreditna kartica

kartë krediti

torba

çantë

plastična vrećica

qese plastike

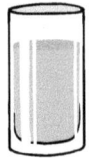

voda

ujë

sok

lëng frutash

mlijeko

qumësht

cola

koka-kola

vino

verë

pivo

birrë

alkohol

alkool

kakao

kakao

čaj

çaj

kava

kafe

espresso

kafe ekspres

cappuccino

kapuçino

banana

banane

jabuka

mollë

naranča

portokalle

lubenica

pjepër

limun

limon

mrkva

karrotë

češnjak

hudhër

bambus

bambu

luk

qepë

gljiva

kërpudha

orašasti plodovi

arra

rezanci

makarona

špagete

spageti

riža

oriz

salata

sallatë

pomfrit

patate të skuqura

pečeni krumpir

patate të skuqura

pica

pica

hamburger

hamburger

sendvič

sanduiç

šnicla

shnicel

pršut

proshutë

salama

sallam

kobasica

salçiçe

kokoš

pulë

pečenje

skuq

riba

peshk

zobene pahuljice

tërshërë

musli

drithëra

kukuruzne pahuljice

kornfleiks

brašno

miell

roščić

kruasant

pecivo

panine

kruh

bukë

toast

tost

keksi

biskotë

maslac

gjalp

svježi sir

gjizë

kolač

tortë

jaje

vezë

jaje na oko

vezë sy

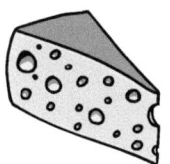

sir

djathë

sladoled

akullore

šećer

sheqer

med

mjaltë

marmelada

marmaladë

nugat krema

çokokrem

curry

këri

seosko gazdinstvo
fermë

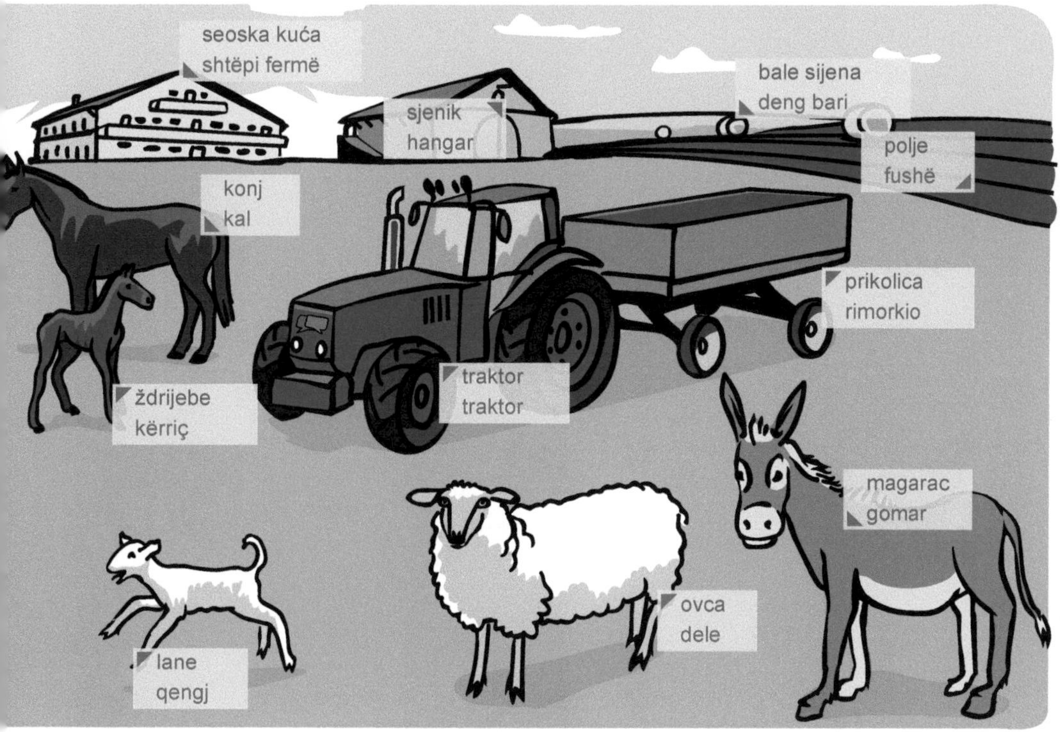
seoska kuća
shtëpi fermë
sjenik
hangar
bale sijena
deng bari
polje
fushë
konj
kal
prikolica
rimorkio
traktor
traktor
ždrijebe
kërriç
magarac
gomar
ovca
dele
lane
qengj

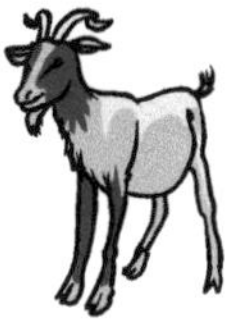

koza

dhi

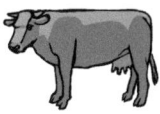

krava

lopë

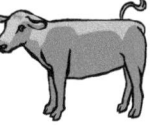

tele

viç

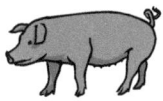

svinja

derr

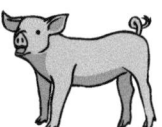

prase

derrkuc

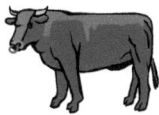

bik

dem

guska

patë

patka

rosë

pilići

zog pule

kokoš

pulë

pijetao

gjel

pacov

mi

mačka

mace

miš

mi

vol

buall

pas

qen

kućica za psa

kolibe qeni

vrtno crijevo

zorrë vaditëse

kanta za polijevanje

vaditëse

kosa

kosë

plug

plug

srp

drapër

motika

shat

vilica za gnojivo

kosa

sjekira

sëpatë

tačke

karrocë

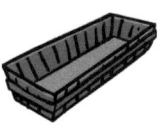

korito

govatë

posuda za mlijeko

bidon qumështi

vreća

thes

ograda

gardh

štala

ahur

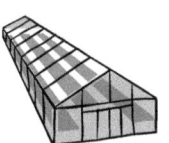

staklenik

serë

zemlja

dhe

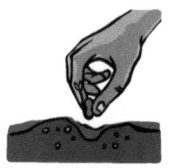

sjeme

farë

gnojivo

pleh

kombajn

autokombanjë

žanjati

korr

žetva

te korrat

yams začin

patate e ëmbël "Yam"

pšenica

grurë

soja

soja

krumpir

patate

kukuruz

misër

uljana repica

raps

voćka

pemë frutore

gomolj manioke

zhardhok manioku

žitarice

drithëra

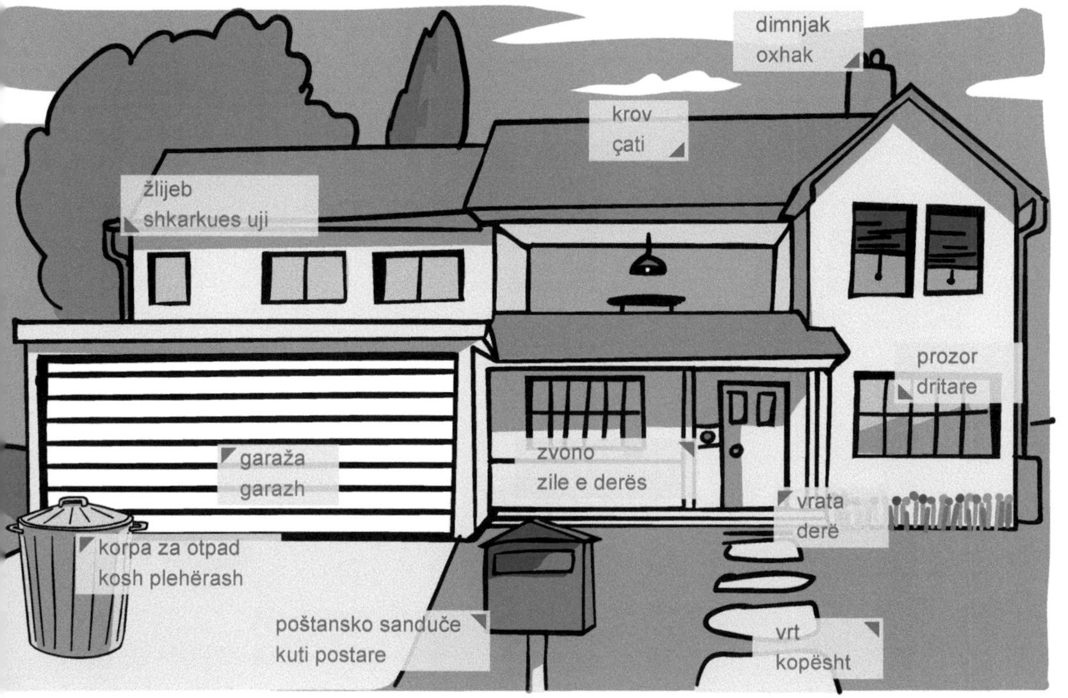

dimnjak
oxhak

krov
çati

žlijeb
shkarkues uji

prozor
dritare

garaža
garazh

zvono
zile e derës

vrata
derë

korpa za otpad
kosh plehërash

poštansko sanduče
kuti postare

vrt
kopësht

dnevna soba

dhomë ndenjeje

kupaonica

tualet

kuhinja

kuzhinë

spavaća soba

dhomë gjumi

dječija soba

dhomë fëmijësh

trpezarija

dhomë ngrënieje

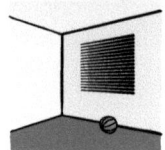

pod
dysheme

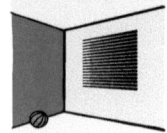

zid
mur

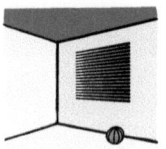

strop
tavan

podrum
bodrum

sauna
sauna

balkon
ballkon

terasa
tarracë

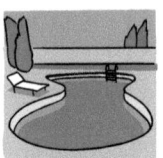

bazen
pishinë

kosilica za travu
kositëse bari

posteljina za krevet
çarçaf

deka za krevet
kuvertë

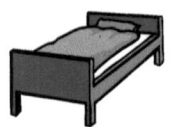

krevet
krevat

metla
fshesë dore

kanta
kovë

sklopka
çelës

dnevna soba
dhomë ndenjeje

tapeta
tapiceri
slika
fotografi
svjetiljka
llambë
regal
raft
ormar
dollap
televizija
pajisje televizive
kamin
vatër
cvijet
lule
jastuk
jastëk
kauč
divan
vaza
vazo
daljinski upravljač
telekomandë

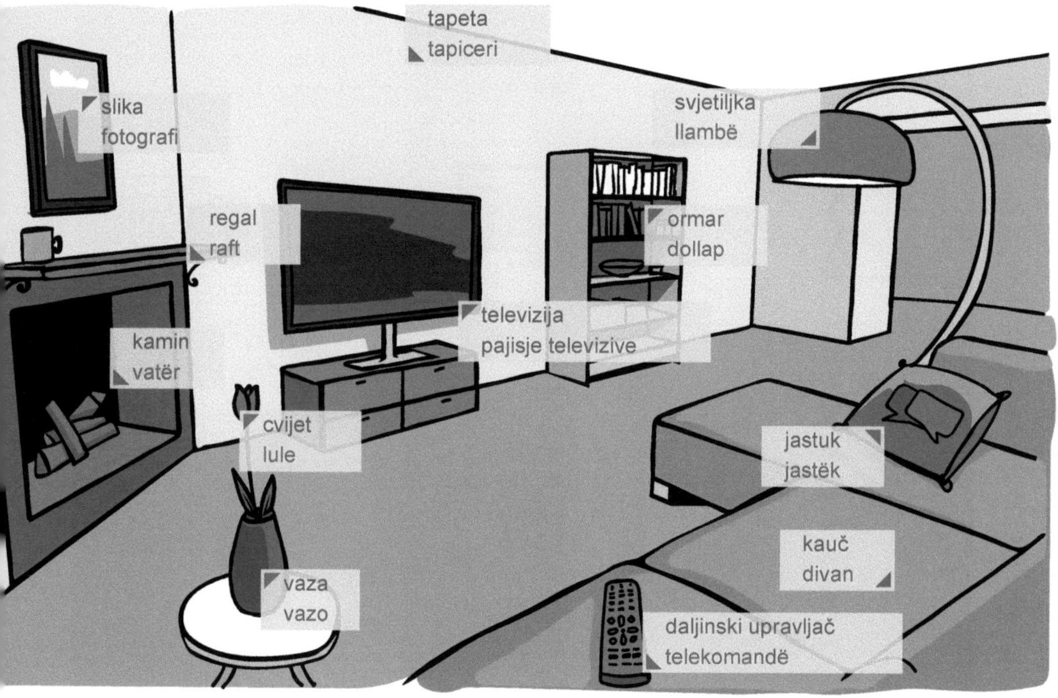

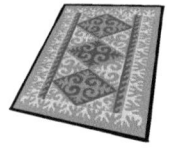

tepih

qilim

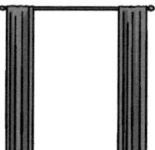

zavjesa

perde

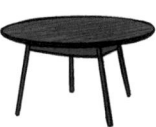

stol

tavolinë

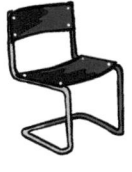

stolica

karrige

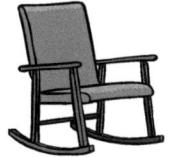

stolica za njihanje

karrige lëkundëse

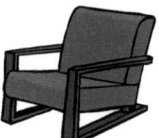

fotelja

kolltuk

knjiga
libri

deka
batanije

dekoracija
zbukurime

drvo za ogrjev
dru zjarri

film
film

stereo uređaj
stereo

ključ
çelës

novine
gazetë

slika na platnu
pikturë

poster
afishe

radio
radio

blok za pisanje
bllok shënimesh

usisavač
fshesë me korent

kaktus
kaktus

svijeća
qiri

kuhinja
kuzhinë

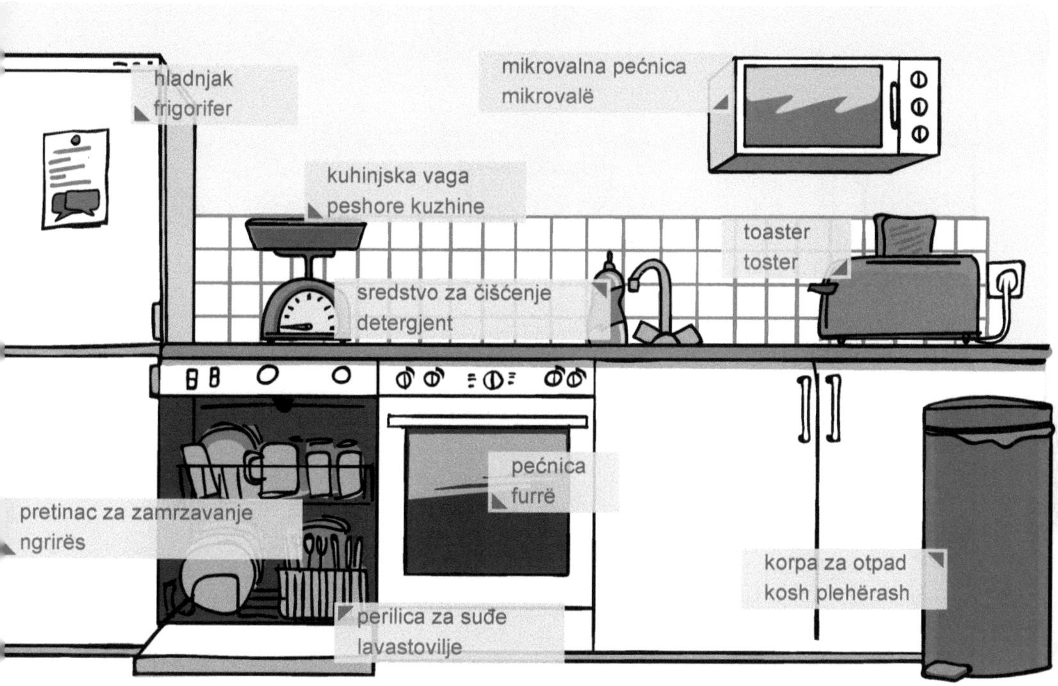
hladnjak
frigorifer
mikrovalna pećnica
mikrovalë
kuhinjska vaga
peshore kuzhine
toaster
toster
sredstvo za čišćenje
detergjent
pećnica
furrë
pretinac za zamrzavanje
ngrirës
korpa za otpad
kosh plehërash
perilica za suđe
lavastovilje

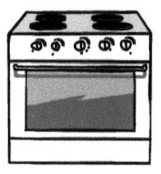

štednjak

sobë

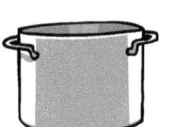

lonac

tenxhere

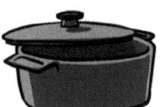

željezni lonac

tenxhere me kapak

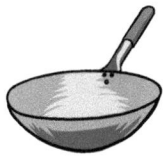

wok / kadai

tigan special (Wok)

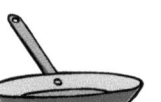

tava

tigan

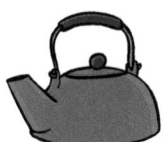

kuhalo za vodu

çajnik

kuhalo na paru

tenxhere me avull

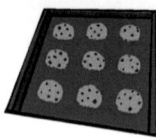

lim za pečenje

tavë pjekjeje

posuđe

enë

čaša

filxhan

zdjela

tas

štapići za jelo

shkopinj

kutljača

garuzhde

lopatica

spatul

pjenjača

tel kuzhine

sito za kuhanje

kulluese

sito

sitë

ribež

rende

mužar

havan

roštilj

skarë

ognjište

zjarr

daska

dërrasë për prerje

oklagija

okllai

vadičep

heqëse tapash

konzerva

kanaçe

otvarač konzervi

hapëse kanaçeje

krpa za lonac

rrobë për të kapur
tenxheren

sudoper

lavaman

četka

furçë

spužva

sfungjer

mikser

përzjerës

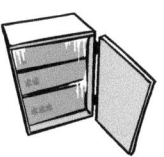

zamrzivač

ngrirës

bočica za bebe

biberon për lëngje

slavina za vodu

rubinet

kupaonica
tualet

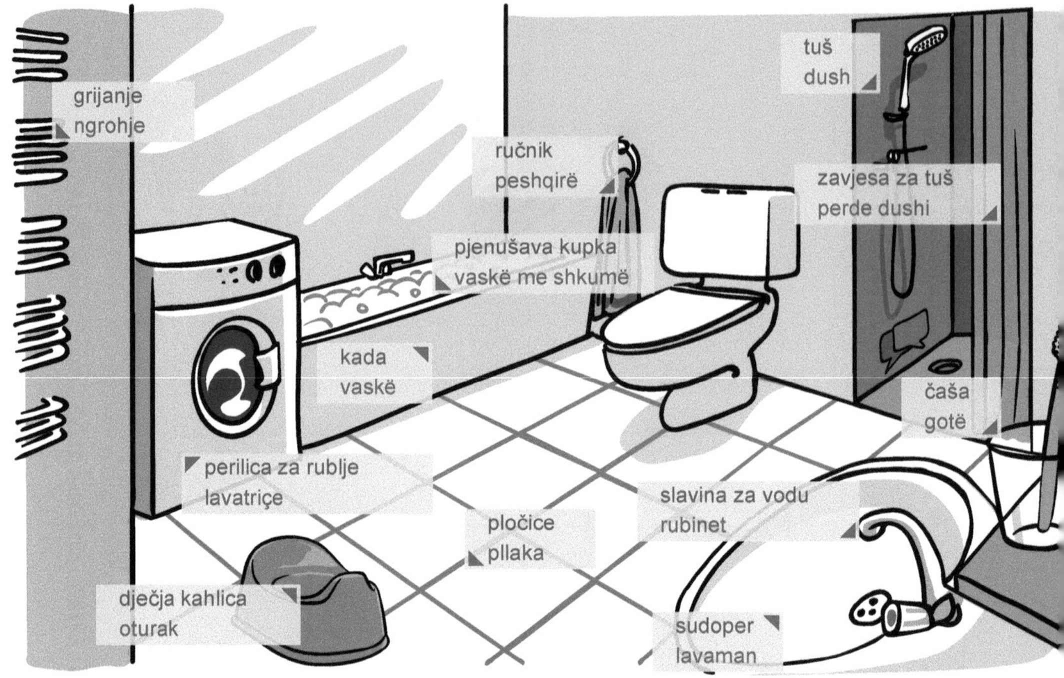

tuš
dush
grijanje
ngrohje
ručnik
peshqirë
zavjesa za tuš
perde dushi
pjenušava kupka
vaskë me shkumë
kada
vaskë
čaša
gotë
perilica za rublje
lavatriçe
slavina za vodu
rubinet
pločice
pllaka
dječja kahlica
oturak
sudoper
lavaman

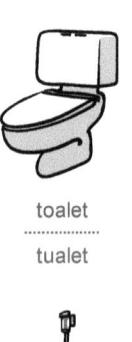

toalet

tualet

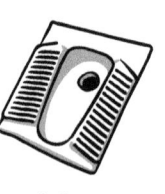

čučavac

WC e sheshtë

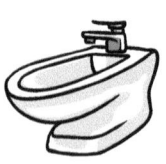

bidet

bide

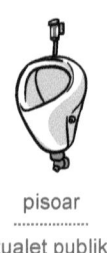

pisoar

tualet publik

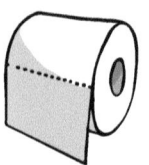

papir za toalet

letër higjienike

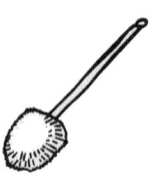

četka za toalet

furçe për WC

četkica za zube

furçë dhëmbësh

pasta za zube

pastë dhëmbësh

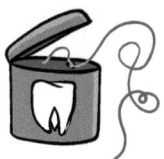

konac za zube

fije dentare

prati

laj

tuš ručica

dorezë dushi

tuš za pranje intimnih dijelova

larës për zonën intime

lavor

legen

četka za pranje leđa

furçë për masazh shpine

sapun

sapun

gel za tuširanje

shampo trupi

šampon

shampo

krpa za pranje

leckë pastruese

odvod

kullues

krema

krem

dezodorans

antidjersë

ogledalo

pasqyrë

kozmetičko ogledalo

pasqyrë dore

brijač

brisk rroje

pjena za brijanje

shkumë rroje

losion za poslije brijanja

locion pas rrojes

češalj

krehër

četka

furçë

sušilo za kosu

tharëse flokësh

sprej za kosu

llak për flokët

makeup

grim

ruž za usne

buzëkuq

lak za nokte

manikyr

vata

mbushje pambuku

škare za nokte

gërshërë për thonj

parfem

parfum

neseser

antë për sendet personale

stolica

Stol

vaga

peshore

ogrtač

robëdëshambër

rukavice za čišćenje

dorashka gome

tampon

tampon

uložak

peceta higjienike

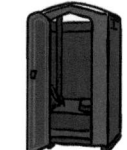

kemijski toalet

tualet I lëvizshëm

djećija soba
dhomë fëmijësh

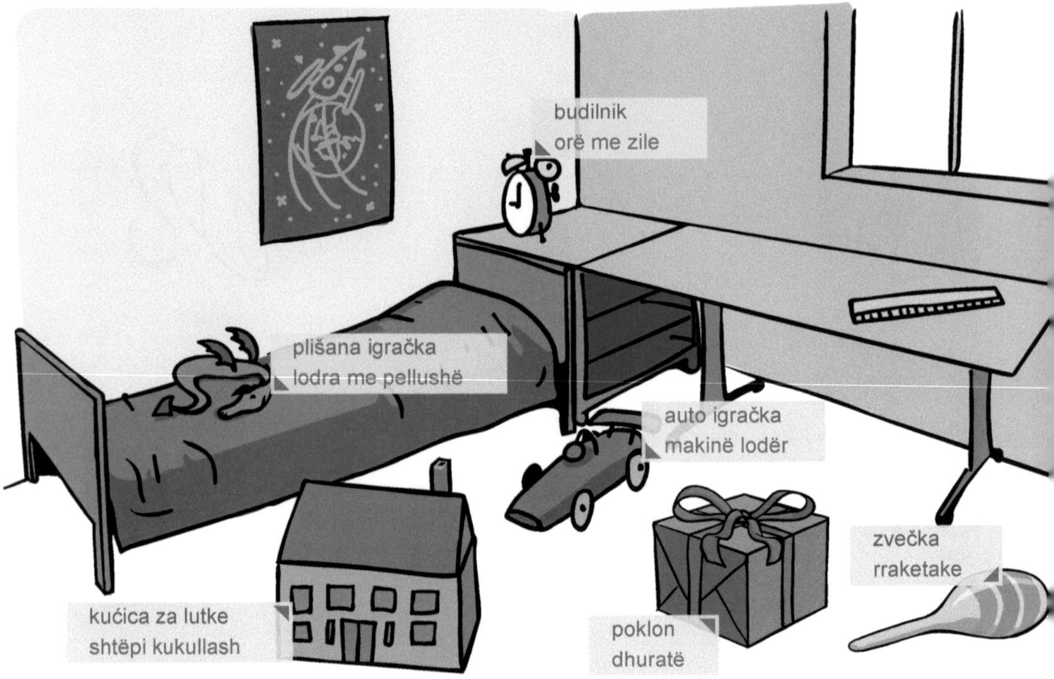

budilnik
orë me zile
plišana igračka
lodra me pellushë
auto igračka
makinë lodër
zvečka
rraketake
kućica za lutke
shtëpi kukullash
poklon
dhuratë

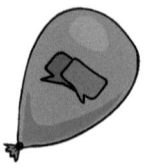

balon

tollumbace

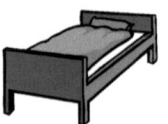

krevet

krevat

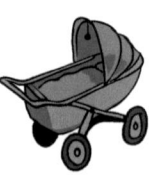

dječija kolica

karrocë fëmijësh

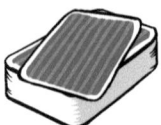

igra s kartama

lojë me letra

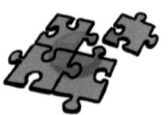

slagalica

bashkim pjesësh me figura

SUPER
MEGA

strip

komik

lego kockice

formuese lodër

kockice za slaganje

kuba plastikë

akcioni junak

lodra

kombinezon za bebe

badi

frizbi

frizbi

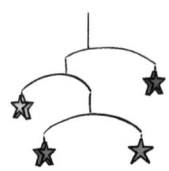

viseće igračke

lodra të varura tek krevati i fëmijëve

društvene igre

tavolinë lojërash

kocka

zare

minijaturna željeznica

model treni

duda

biberon

tulum

festë

slikovnica

libër me ilustrime

lopta

top

lutka

kukull

igrati

luaj

pješčanik

grumbull rëre

ljuljačka

kolovarëse

igračka

lodra

konzola za igre

leva për lojra video

tricikl

triçikël

plišani medo

arush prej pellushi

ormar

garderobë

odjeća
veshje

kratke čarape

çorape

čarape

çorape të gjata

hulahopke

geta

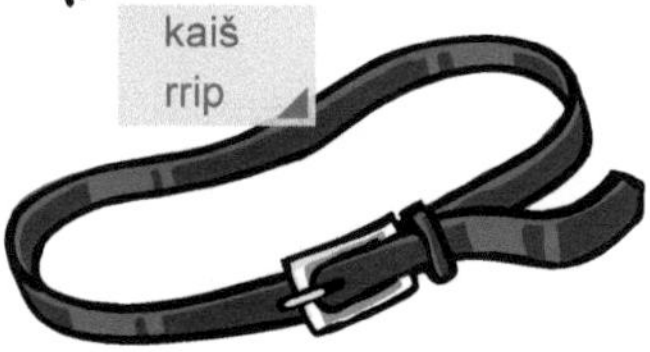

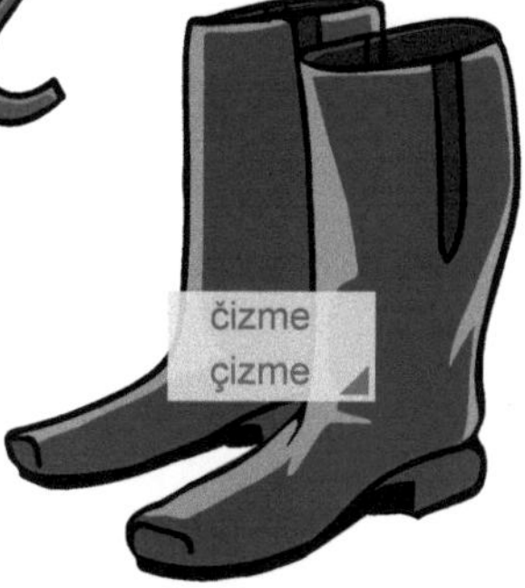

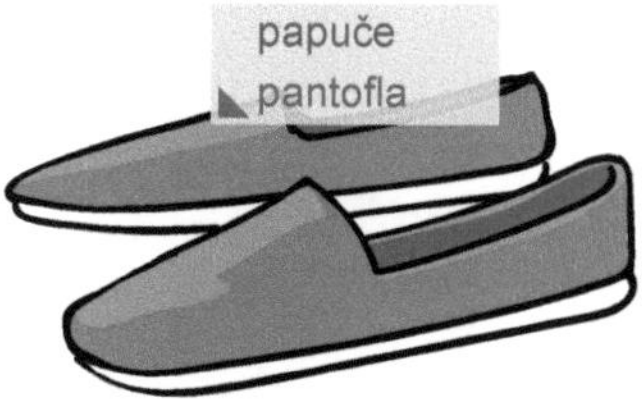

šal
shall

kišobran
çadër

kaiš
rrip

t-shirt
bluzë pa jakë

patike
atlete

čizme
çizme

papuče
pantofla

sandale
....
sandale

cipele
....
këpucë

gumene čizme
....
çizme llastiku

gaćice
....
të mbathura

grudnjak
....
reçipeta

potkošulja
....
kanotierë

bodi
trup

hlače
pantallona

džins
xhinse

haljina
fund

bluza
bluzë

košulja
këmishë

džemper
pulovër

pulover s kapuljačom
triko

blejzer
xhaketë

jakna
xhaketë

kaput
pallto

kabanica
mushama shiu

kostim
kostum

haljina
fustan

vjenčanica
fustan nusërie

odijelo

kostum

spavaćica

këmishë nate

pidžama

pizhama

sari

sari (veshje tradicionale indiane)

rubac

shami koke

turban

çallmë

burka

eshje për femrat e besimit musliman

kaftan

kaftan (lloj veshjeje tradicionale)

abaja

ferexhe

kupaći kostim

kostum banje

kupaće gaćice

rroba banje

kratke hlače

pantallona të shkurtra

odjeća za trening

tuta sporti

pregača

përparëse

rukavice

dorashka

gumb

kopsë

naočale

syze

narukvica

byzylyk

ogrlica

gjerdan

prsten

unazë

naušnica

vath

kapa

kapuç

vješalica

varëse për pallto

šešir

kapele

kravata

kravatë

patent zatvarač

zinxhir

kaciga

helmetë

naramenice

tiranda

školska uniforma

uniformë shkolle

uniforma

uniformë

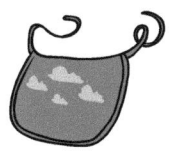

podbradak

gushore

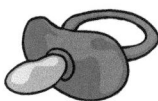

duda

biberon

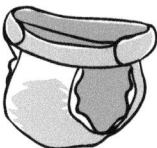

pelena

pelenë

ured

zyrë

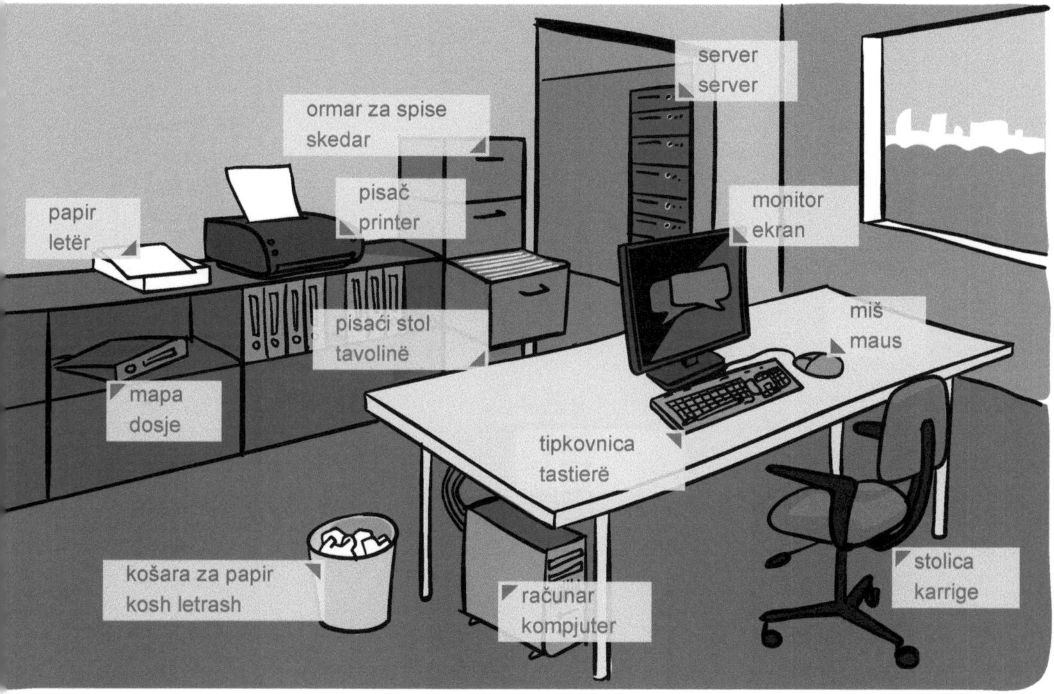

server
server
ormar za spise
skedar
pisač
printer
papir
letër
monitor
ekran
miš
maus
pisaći stol
tavolinë
mapa
dosje
tipkovnica
tastierë
košara za papir
kosh letrash
računar
kompjuter
stolica
karrige

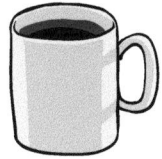

šalica za kavu

filxhan kafeje

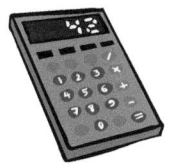

kalkulator

makinë llogaritëse

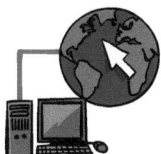

internet

internet

laptop

kompjuter portativ

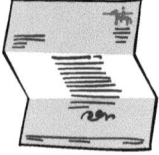

pismo

letër

poruka

mesazh

mobilni telefon

telefon

mreža

rrjet

uređaj za kopiranje

fotokopje

softver

program

telefon

telefon

utičnica

prizë

faks

pajisje faksi

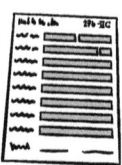

obrazac

formular

dokument

dokument

kupovati

blej

platiti

paguaj

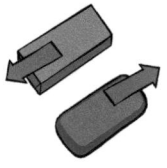

trgovati

tregtoj

novac

para

dolar

dollar

euro

euro

jen

jen

rubalj

rubla

švicarski franak

franga zvicerane

renmindbi yuan

juani kinez

rupija

rupje

automat za novac

bankomat

mjenjačnica

pikë këmbimi valutor

zlato

ar

srebro

argjend

nafta

nafta

energija

energji

cijena

çmim

ugovor

kontratë

porez

taksë

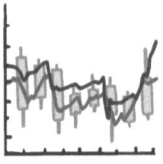

dionica

aksione

raditi

punoj

službenik

punonjës

poslodavac

punëdhënës

tvornica

fabrikë

prodavaonica

dyqan

zanimanja
profesionet

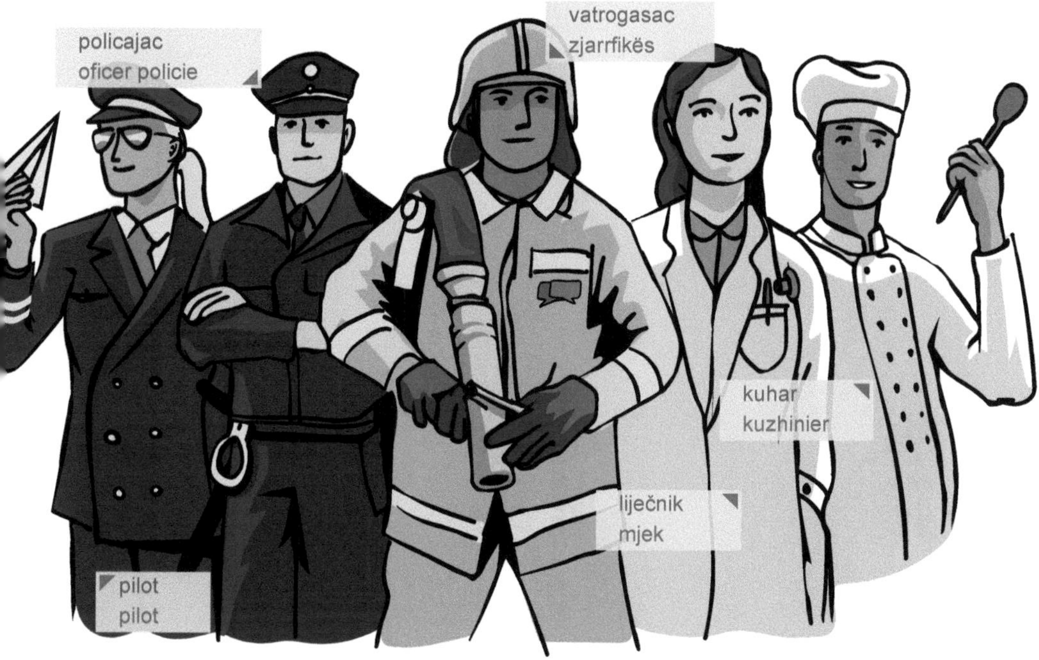

policajac
oficer policie
vatrogasac
zjarrfikës
kuhar
kuzhinier
liječnik
mjek
pilot
pilot

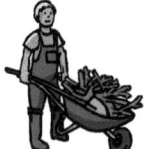

vrtlar
kopshtar

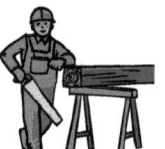

stolar
marangoz

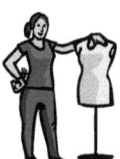

krojačica
rrobaqepëse

sudija
gjykatës

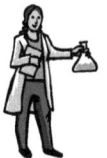

kemičar
kimist

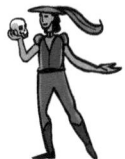

glumac
aktor

vozač autobusa

shofer autobuzi

vozač taksija

taksist

ribar

peshkatar

čistačica

pastruese

krovopokrivač

riparues çatish

konobar

kamarier

lovac

gjuetar

slikar

piktor

pekar

furrxhi

električar

elektriçist

građevinski radnik

ndërtues

inženjer

inxhinier

mesar

kasap

limar

hidraulik

poštar

postieri

vojnik

ushtar

arhitekta

arkitekt

blagajnik

arkëtar

cvjećar

luleshitës

frizer

berber

kondukter

kontrollor

mehaničar

mekanik

kapetan

kapiten

zubar

dentist

znanstvenik

shkencëtar

rabi

rabin

imam

imam

monah

murg

svećenik

klerik

alati
mjete

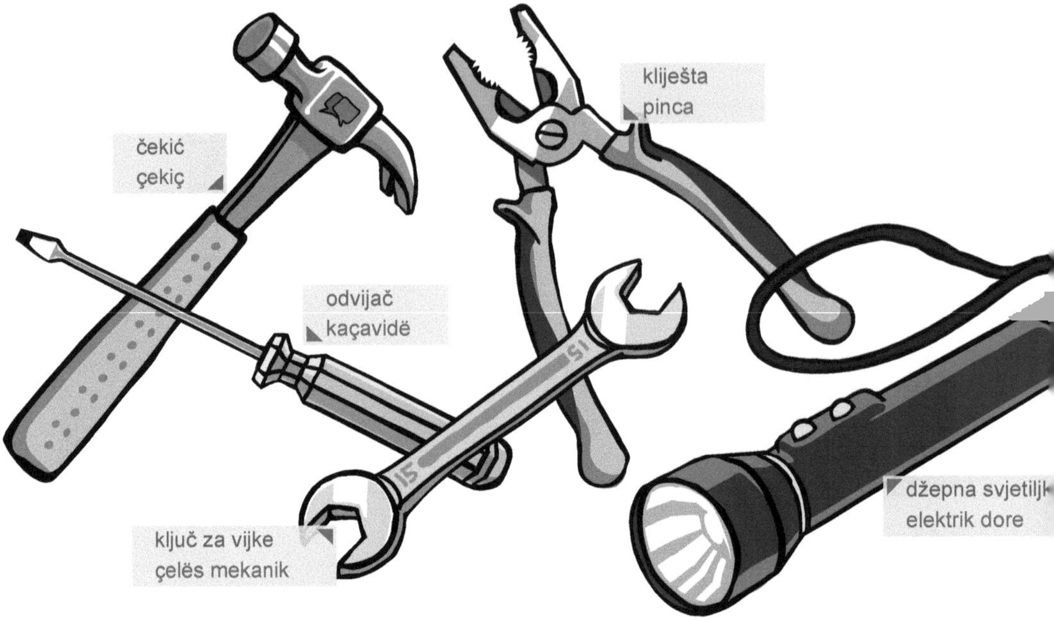

kliješta
pinca
čekić
çekiç
odvijač
kaçavidë
ključ za vijke
çelës mekanik
džepna svjetiljk
elektrik dore

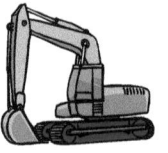

rovokopač

ekskavator

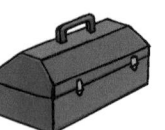

kutija za alat

kuti veglash

ljestve

shkallë

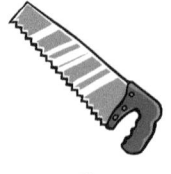

pila

sharrë

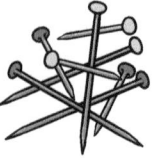

ekser

gozhdë

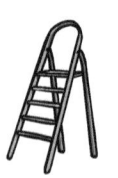

bušilica

trapan

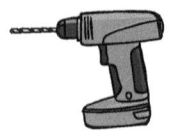

popraviti
riparoj

lopata
lopatë

Sranje!
Dreq!

lopatica
kaci

lonac za boju
kuti boje

vijci
vidhë

glazbeni instrument
instrumenta muzikorë

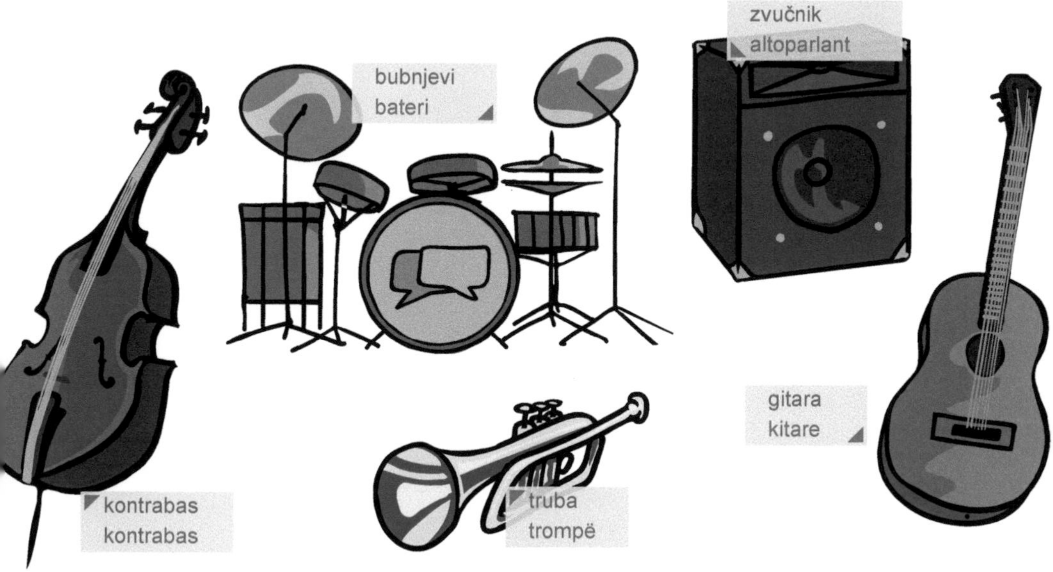

zvučnik
altoparlant

bubnjevi
bateri

gitara
kitare

kontrabas
kontrabas

truba
trompë

klavir

piano

violina

violinë

bas

bas

timpani

tamburë

udaraljke za bubnjeve

daulle

keyboard

tastierë pianoje

saksofon

saksofon

flauta

flaut

mikrofon

mikrofon

glazbeni instrument - instrumenta muzikorë

zoološki vrt
kopsht zoologjik

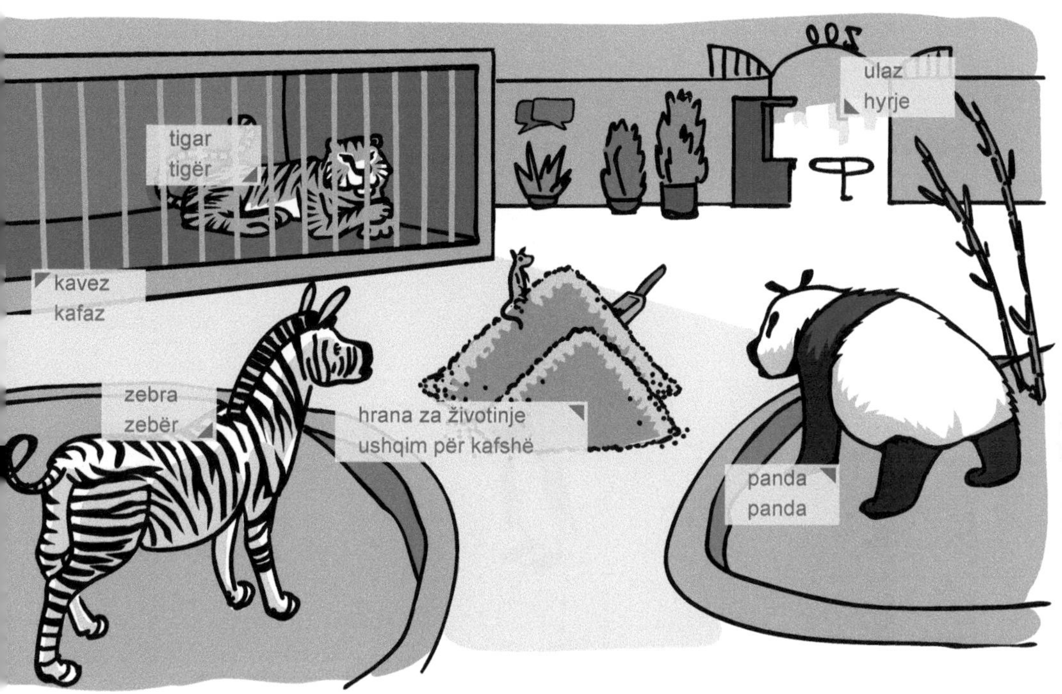

ulaz
hyrje
tigar
tigër
kavez
kafaz
zebra
zebër
hrana za životinje
ushqim për kafshë
panda
panda

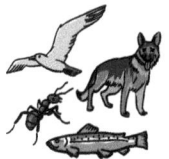

životinje

kafshë

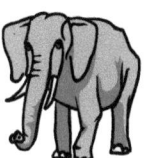

slon

elefant

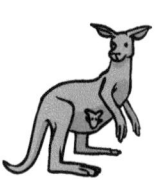

kengur

kangur

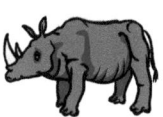

nosorog

rinoceront

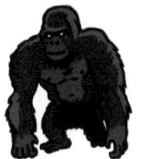

gorila

gorillë

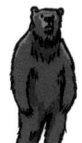

medvjed

ari

kamila

deve

noj

struc

lav

luan

majmun

majmun

flamingo

flamingo

papagaj

papagall

polarni medvjed

ari polar

pingvin

pinguin

ajkula

peshkaqen

paun

pallua

zmija

gjarpër

krokodil

krokodil

čuvar u zoološkom vrtu

punonjës i kopshtit zoologjik

tuljan

fokë

jaguar

xhaguar

poni
poni

leopard
leopard

nilski konj
hipopotam

žirafa
gjirafë

orao
shqiponjë

divlja svinja
derr i egër

riba
peshk

kornjača
breshkë

morž
lopë deti

lisica
dhelpër

gazela
gazelë

američki nogomet
futboll amerikan

biciklizam
çiklizëm

tenis
tenis

košarka
basketboll

plivanje
not

boks
boks

hockey na ledu
hokej mbi akull

nogomet
futboll

badminton
badminton

atletika
atletikë

rukomet
hendboll

skijanje
ski

polo
polo

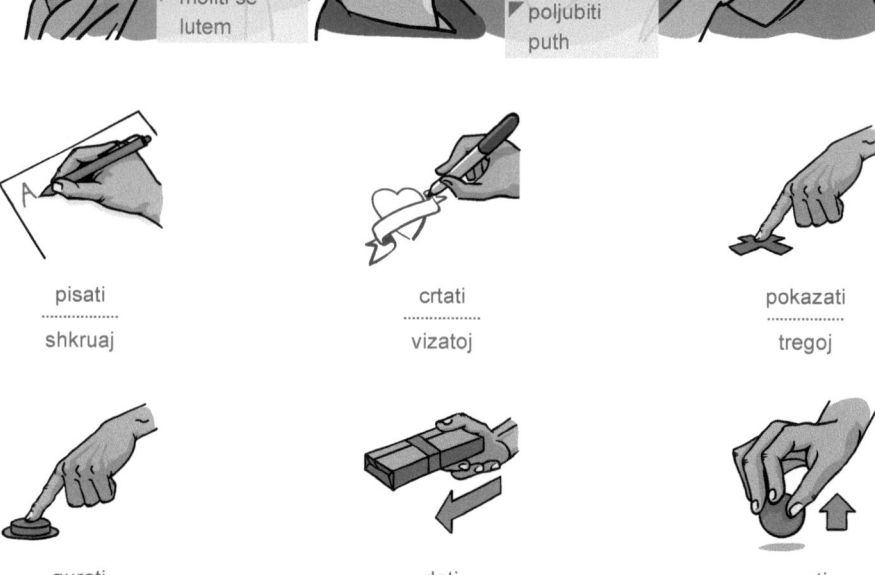

aktivnosti
aktivitet

skočiti
hidhem
zagrliti
përqafoj
smijati se
qesh
ići
eci
pjevati
këndoj
sanjati
ëndërroj
moliti se
lutem
poljubiti
puth

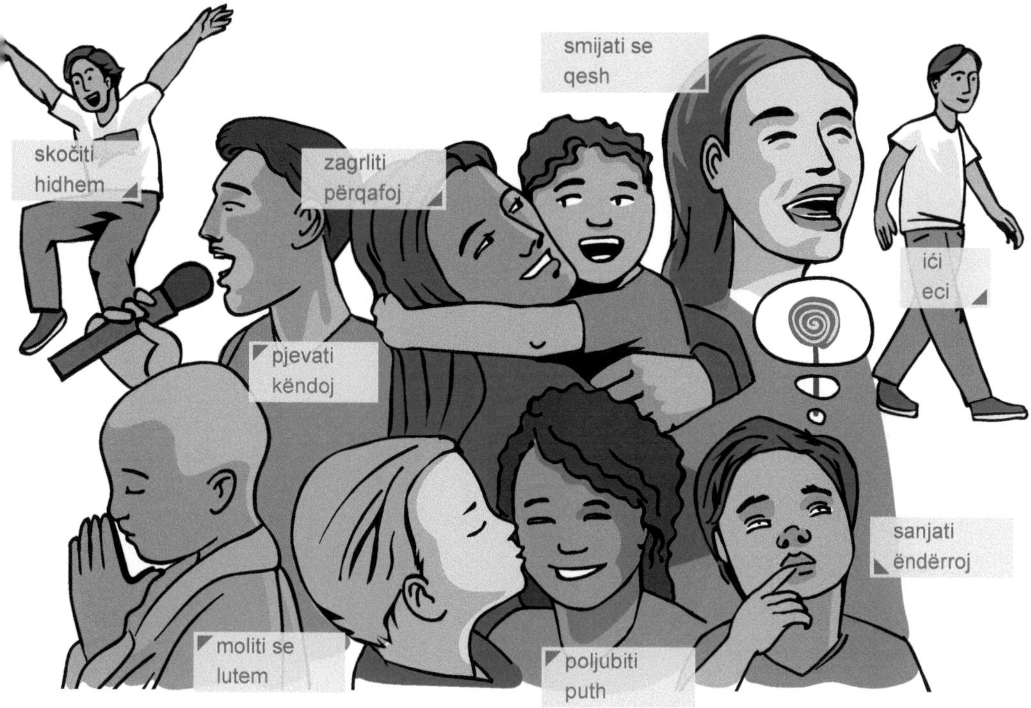

pisati
shkruaj

crtati
vizatoj

pokazati
tregoj

gurati
shtyj

dati
jap

uzeti
marr

imati

kam

činiti

bëj

biti

jam

stojati

qëndroj

trčati

vrapoj

povlačiti

tërheq

baciti

hedh

padati

bie

ležati

shtrihem

čekati

pres

nositi

mbaj

sjediti

ulem

oblačiti

vishem

spavati

fle

probuditi se

zgjohem

aktivnosti - aktivitet

gledati

shikoj

plakati

qaj

milovati

përkëdhel

češljati

kreh

govoriti

bisedoj

razumjeti

kuptoj

pitati

kërkoj

slušati

dëgjoj

piti

pi

jesti

ha

pospremiti

sistemoj

voljeti

dashuroj

kuhati

gatuaj

voziti

drejtoj makinën

letjeti

fluturoj

ploviti

lundroj

računati

llogaris

čitati

lexoj

učiti

mësoj

raditi

punoj

vjenčati se

martohem

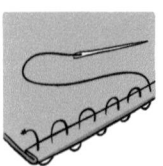

šiti

qep

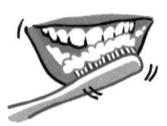

prati zube

laj dhëmbët

ubiti

vras

pušiti

tymos

poslati

dërgoj

baka
gjyshe

djed
gjysh

otac
baba

majka
nënë

beba
bebe

kćerka
vajzë

sin
djalë

gost
....
mysafir

tetka
....
teze, hallë

ujak, stric
....
dajë, xhaxha

brat
....
vëlla

sestra
....
motër

tijelo
trupi

čelo
balli
oko
syri
rame
shpatulla
prst
gishti
lice
fytyra
brada
mjekra
ruka
dora
noga
këmba
grudi
krahërori
ruka
krahu

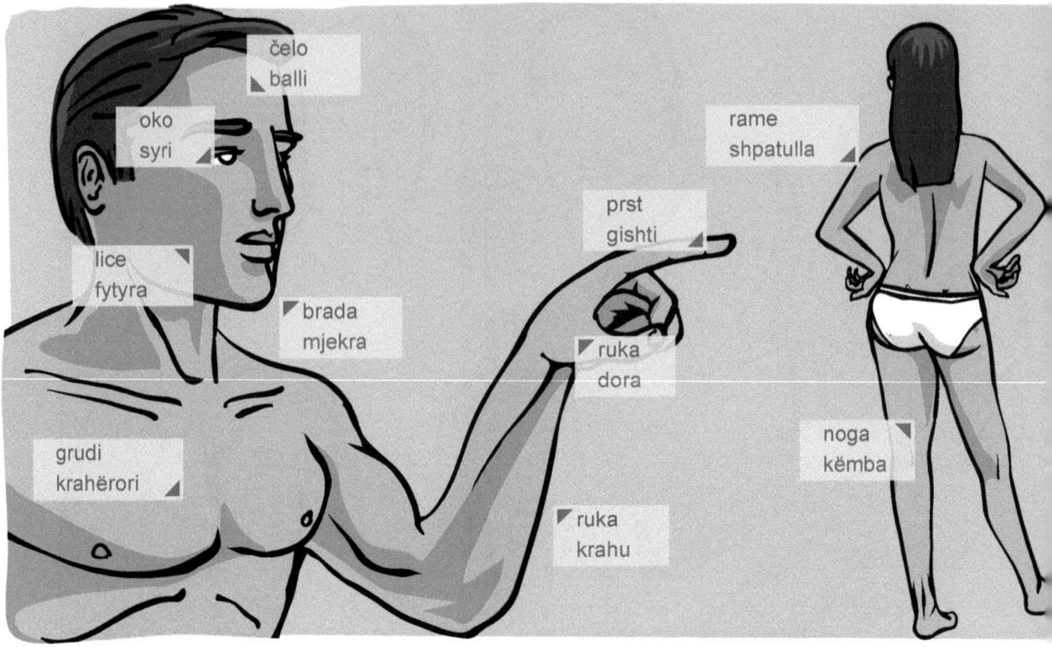

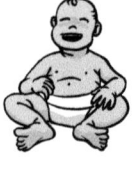

beba
bebe

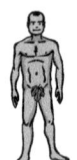

muškarac
burrë

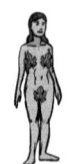

žena
grua

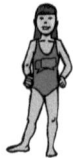

djevojčica
vajzë

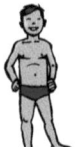

dječak
djalë

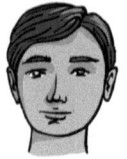

glava
koka

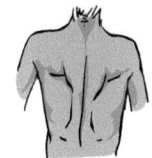

leđa
....
shpina

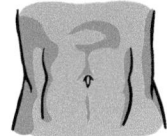

trbuh
....
barku

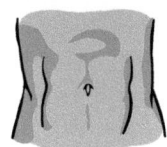

pupak
....
kërthiza

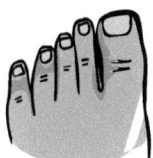

nožni prst
....
gisht këmbe

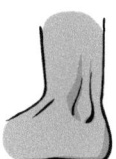

peta
....
Thembra

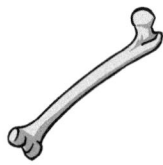

kost
....
kockë

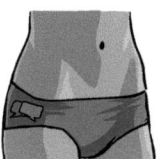

kuk
....
legeni

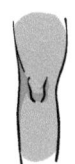

koljeno
....
gjuri

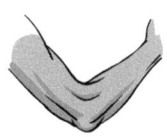

lakat
....
bërryli

nos
....
hunda

stražnjica
....
vithe

koža
....
lëkura

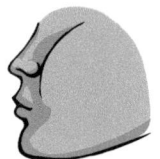

obraz
....
faqja

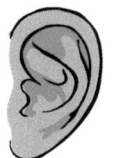

uho
....
veshi

usna
....
buza

usta

goja

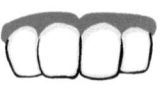

zub

dhëmbët

jezik

gjuha

mozak

truri

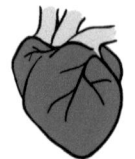

srce

zemra

mišić

muskul

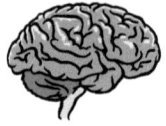

pluća

mushkëria

jetra

mëlçia

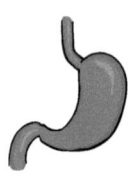

želudac

stomaku

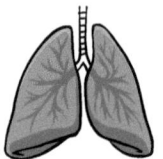

bubrezi

veshka

snošaj

seks

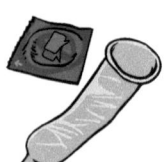

kondom

prezervativ

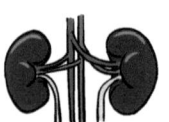

jajna stanica

veza

sperma

sperma

trudnoća

shtatëzani

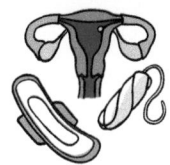

menstruacija

menstruacione

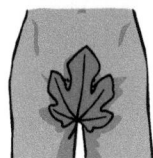

vagina

vagina

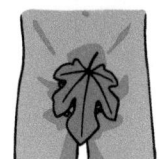

penis

penis

obrva

vetulla

kosa

flokët

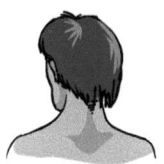

vrat

qafa

bolnica
spital

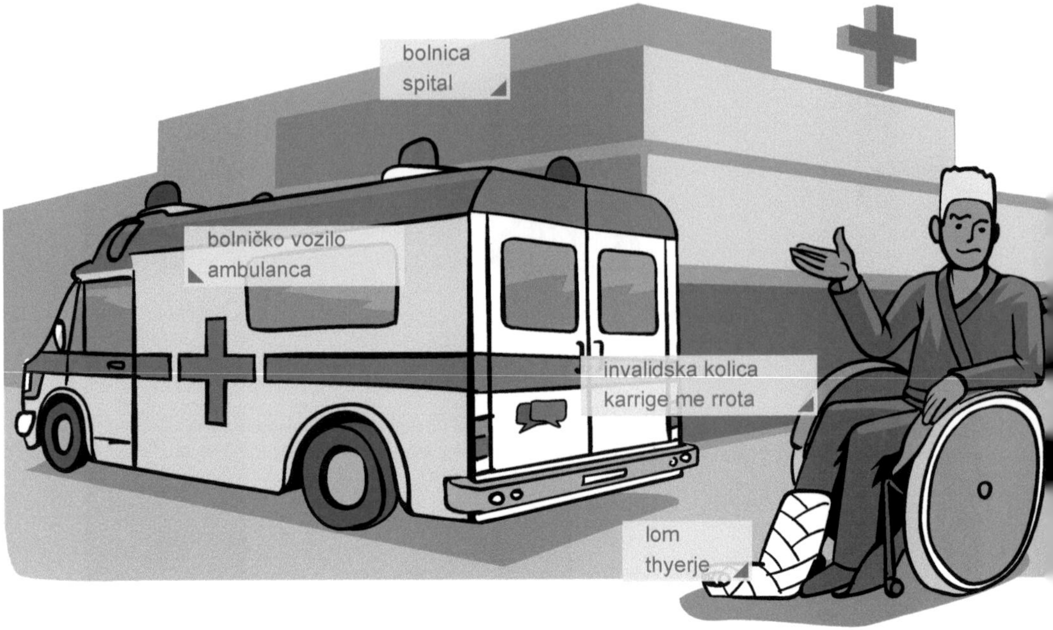

bolnica
spital
bolničko vozilo
ambulanca
invalidska kolica
karrige me rrota
lom
thyerje

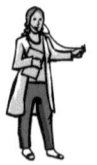

 liječnik

mjek

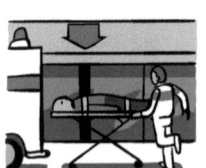

hitna medicinska služba

sallë urgjencash

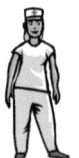

medicinska sestra

infermiere

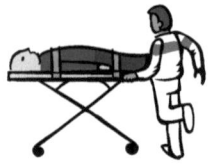

hitni slučaj

emergjencë

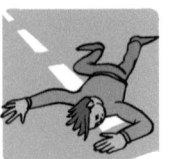

nesvijest

i pandërgjegjshëm

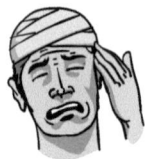

bol

dhimbje

ozljeda

dëmtim

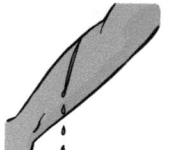

krvarenje

gjakosje

srćani infarkt

infarkt

moždani udar

goditje

alergija

alergji

kašalj

kolla

groznica

ethe

gripa

grip

proljev

diarre

glavobolja

dhimbje koke

rak

kancer

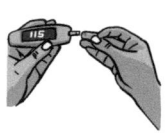

dijabetes

diabet

kirurg

kirurg

skalpel

bisturi

operacija

operacion

ct
CT (skaner)

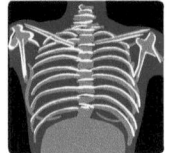

rentgen
radiografi

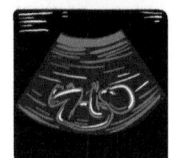

ultrazvuk
ultratingull

maska
maskë fytyre

bolest
sëmundje

čekaonica
dhomë pritjeje

štaka
paterica

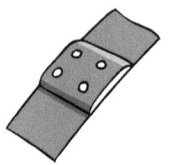

flaster
leukoplast

zavoj
fasho

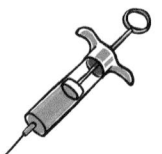

injekcija
injeksion

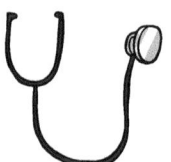

stetoskop
stetoskop

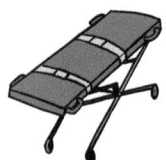

nosilo
barelë

termometar
termometër

rođenje
lindje

prekomjerna težina
mbipeshë

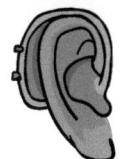

slušni aparat

aparat dëgjimi

sredstvo za dezinfekciju

dezinfektant

infekcija

infeksion

virus

virus

hiv / sida

HIV / AIDS

medicina

mjekësi, mjekim

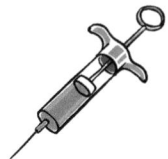

vakcinacija

vaksinim

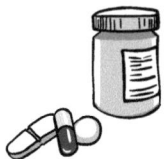

tablete

tableta

pilula

pilulë

poziv u pomoć

telefonatë emergjence

uređaj za mjerenje tlaka

aparat tensioni

bolesno / zdravo

i sëmurë / i shëndetshëm

pomoć!

Ndihmë!

alarm

alarm

nasrtaj

sulm

napad

atak

opasnost

rrezik

izlaz za nuždu

dalje emergjence

požar!

Zjarr!

vatrogasni aparat

fikëse zjarri

nezgoda

aksident

kofer prve pomoći

kuti e ndimës së shpejtë

sos

SOS

policija

policia

Europa
....
Europa

sjeverna amerika
....
Amerika e Veriut

južna amerika
....
Amerika e Jugut

Afrika
....
Afrika

Azija
....
Azia

Australija
....
Australia

Atlantik
....
Atlantiku

Pacifik
....
Paqësori

ocean
....
Oqeani Indian

antarktički ocean
....
Oqeani Antarktik

arktički ocean
....
Oqeani Arktik

sjeverni pol
....
Poli i veriut

južni pol

Poli i Jugut

Antarktik

Antarktida

zemlja

toka

zemlja

tokë

more

det

otok

ishull

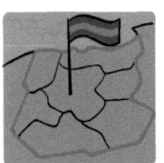

nacija

komb

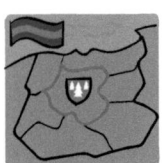

država

shtet

brojčanik sata

fusha e orës

satna kazaljka

akrepi i orës

minutna kazaljka

akrepi i minutave

sekundna kazaljka

akrepi i sekondave

Koliko je sati?

Sa është ora?

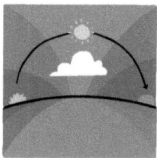

dan

ditë

vrijeme

kohë

sada

tani

digitalni sat

orë dixhitale

minuta

minutë

sat

orë

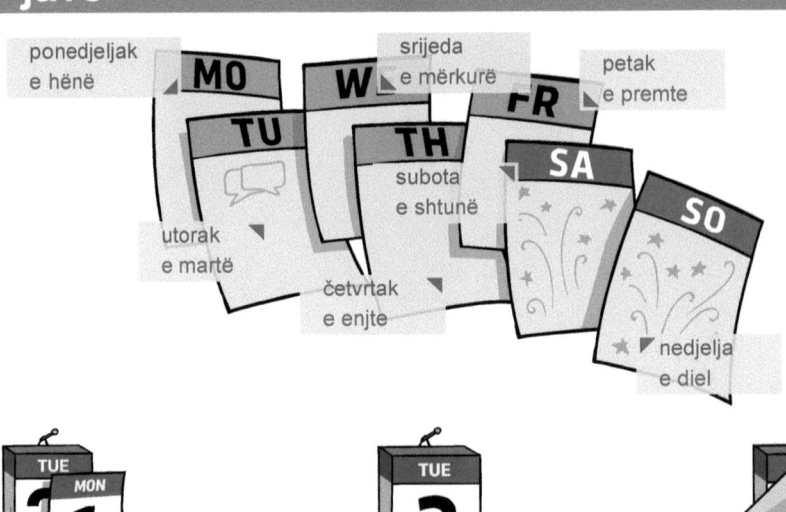

ponedjeljak
e hënë

srijeda
e mërkurë

petak
e premte

utorak
e martë

subota
e shtunë

četvrtak
e enjte

nedjelja
e diel

juček

dje

danas

sot

sutra

nesër

jutro

mëngjes

podne

mesditë

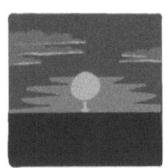

večer

mbrëmje

radni dani

ditë pune

vikend

fundjavë

kiša
shi

duga
ylber

snijeg
borë

vjetar
erë

proljeće
pranverë

ljeto
verë

jesen
vjeshtë

zima
dimër

4.APRIL	11°	☀
5.APRIL	4°	
6.APRIL	13°	
7.APRIL	8°	☀
8.APRIL	10°	☀

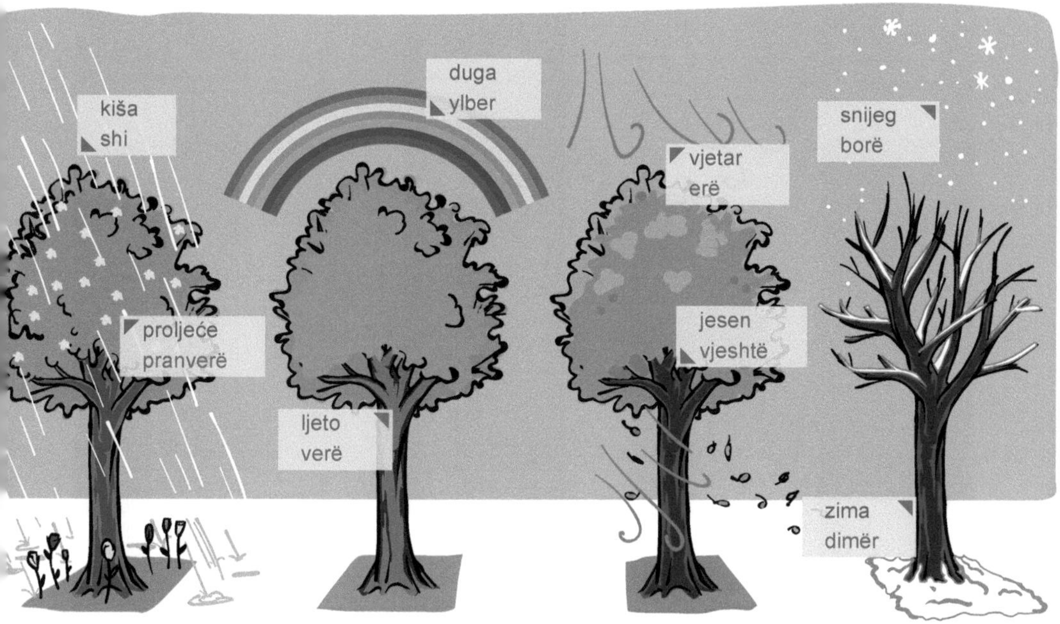

meteorološka prognoza

parashikimi i motit

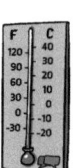

termometar

termometër

sunčana svjetlost

ndriçim dielli

oblak

re

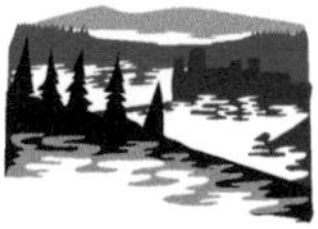

magla

mjegull

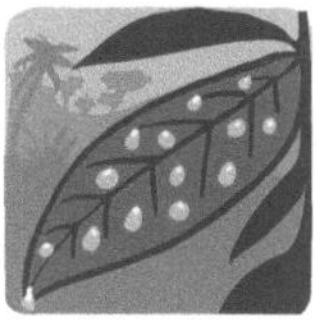

vlažnost zraka

lagështi

munja

vetëtima

grmljavina

gjëmim

oluja

stuhi

tuča

breshër

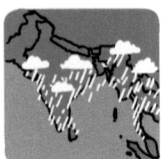

monsun

muson

poplava

përmbytje

led

akull

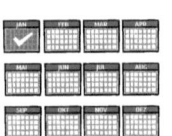

siječanj

janar

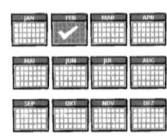

veljača

shkurt

ožujak

mars

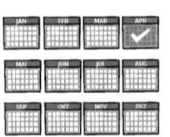

travanj

prill

svibanj

maj

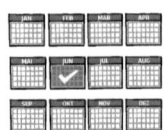

lipanj

qershor

srpanj

korrik

kolovoz

gusht

rujan
....
shtator

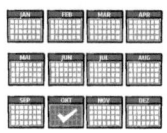

listopad
....
tetor

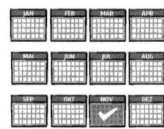

studeni
....
nëntor

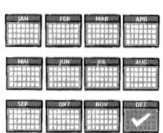

prosinac
....
dhjetor

oblici

forma

krug
....
rreth

kvadrat
....
katror

pravokutnik
....
drejtkëndësh

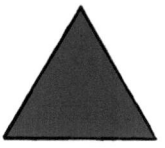

trokut
....
trekëndësh

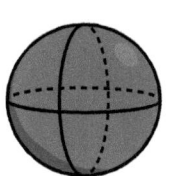

kugla
....
sferë

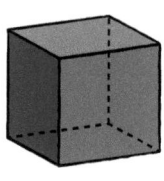

kocka
....
kub

bijela
....
e bardhë

žuta
....
e verdhë

narančasta
....
portokalli

ružičasta
....
rozë

crvena
....
e kuqe

ljubičasta
....
vjollcë

plava
....
blu

zelena
....
e gjelbër

smeđa
....
kafe

siva
....
gri

crna
....
e zezë

mnogo / malo

shumë / pak

ljutito / mirno

i nevrikosur / i qetë

lijepo / ružno

i bukur / i shëmtuar

početak / kraj

fillim / fund

veliko / maleno

i madh / i vogël

svijetlo / tamno

i ndritshëm / i errët

brat / sestra

vëlla / motër

čisto / prljavo

e pastër / e pistë

potpuno / nepotpuno

e plotë / jo e plotë

dan / noć

ditë / natë

mrtvo / živo

gjallë / vdekur

široko / usko

i gjerë / i ngushtë

jestivo / nejestivo

i ngrënshëm / i pangrënshëm

zlo / dobro

i keq / i këndshëm

uzbuđeno / dosadno

i lumtur / i mërzitur

debelo / mršavo

i shëndoshë / i dobët

na početku / na kraju

e para / e fundit

prijatelj / neprijatelj

mik / armik

puno / prazno

plot / bosh

tvrdo / mekano

e fortë / e butë

teško / lagano

e rëndë / e lehtë

glad / žeđ

uri / etje

bolesno / zdravo

i sëmurë / i shëndetshëm

ilegalno / legalno

e paligjshme / e ligjshme

pametno / glupo

i zgjuar / budalla

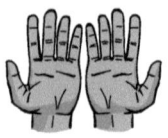

lijevo / desno

majtas / djathtas

blizu / daleko

afër / larg

novo / rabljeno

e re / e përdorur

ništa / nešto

asgjë / diçka

staro / mlado

i moshuar / i ri

uključeno / isključeno

ndezur / fikur

otvoreno / zatvoreno

hapur / mbyllur

tiho / glasno

i qetë / i zhurmshëm

bogato / siromašno

i pasur / i varfër

točno / pogrešno

e drejtë / e gabuar

hrapavo / glatko

i ashpër / i butë

tužno / sretno

i mërzitur / i lumtur

kratko / dugo

i shkurtër / i gjatë

polako / brzo

ngadalë / shpejt

mokro / suho

i lagësht / i thatë

toplo / hladno

ngrohtë / freskët

rat / mir

luftë / paqe

0	**1**	**2**
nula	jedan	dva
zero	një	dy

3	**4**	**5**
tri	četiri	pet
tre	katër	pesë

6	**7**	**8**
šest	sedam	osam
gjashtë	shtatë	tetë

9	**10**	**11**
devet	deset	jedanaest
nentë	dhjetë	njëmbëdhjetë

12
dvanaest
dymbëdhjetë

13
trinaest
trembëdhjetë

14
četrnaest
katërmbëdhjetë

15
petnaest
pesëmbëdhjetë

16
šestnaest
gjashtëmbëdhjetë

17
sedamnaest
shtatëmbëdhjetë

18
osamnaest
tetëmbëdhjetë

19
devetnaest
nentëmbëdhjetë

20
dvadeset
njëzetë

100
stotinu
qind

1.000
tisuću
mijë

1.000.000
milijun
milion

engleski

anglisht

američko engleski

anglishte amerikane

kinesko mandarinski

kinezisht mandarin

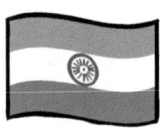

hindi

hindi

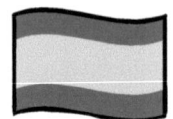

španjolski

spanjisht

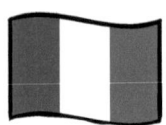

francuski

frëngjisht

arapski

arabisht

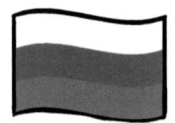

ruski

rusisht

portugalski

portugalisht

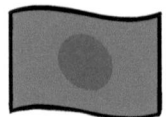

bengalski

bengalisht

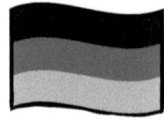

njemački

gjermanisht

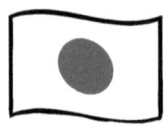

japanski

japonisht

ja
....
unë

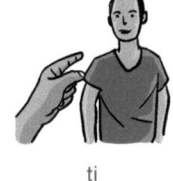

ti
....
ti

on / ona / ono
....
ai / ajo

mi
....
ne

vi
....
ju

oni
....
ata

tko?
....
kush?

što?
....
çfarë?

kako?
....
si?

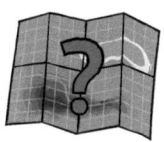

gdje?
....
ku?

kada?
....
kur?

ime
....
emër

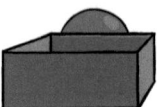

iza

pas

u

në

ispred

përballë

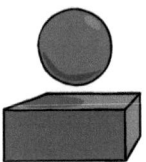

preko

sipër

na

mbi

ispod

poshtë

pored

pranë

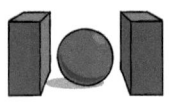

između

midis

mjesto

vend